Jean 3:16

Car Dieu a tant aimé le monde qu'il a donné son Fils unique, afin que quiconque croit en lui ne périsse point, mais qu'il ait la vie éternelle.

Ce que je pense de ce verset

Comment Dieu agit-il dans ma vie en ce moment?

Écrivez une bénédiction que le Seigneur vous a donnée aujourd'hui

Ma prière de supplication

I Corintios 13:4

La charité est patiente, elle est pleine de bonté; la charité n'est point envieuse; la charité ne se vante point, elle ne s'enfle point d'orgueil.

Ce que je pense de ce verset

Ma prière pour ma ville

Écrivez une bénédiction que le Seigneur vous a donnée aujourd'hui

Ma prière de supplication

I Jean 5:1

QUICONQUE CROIT QUE JÉSUS EST LE CHRIST, EST NÉ DE DIEU.

Ce que je pense de ce verset

Dieu, aide-moi à surmonter les peurs suivantes:

Écrivez une bénédiction que le Seigneur vous a donnée aujourd'hui

Ma prière de supplication

Éphésiens 3:17

En sorte que Christ habite dans vos coeurs par la foi; afin qu'étant enracinés et fondés dans l'amour.

Ce que je pense de ce verset

Ma prière pour mes chefs spirituels et pour mes mentors

Écrivez une bénédiction que le Seigneur vous a donnée aujourd'hui

Ma prière de supplication

MON ESPACE POUR ECRIRE LIBREMENT

Luc 7:44

Car Dieu a tant aimé le monde qu'il a donné son Fils unique, afin que quiconque croit en lui ne périsse point, mais qu'il ait la vie éternelle.

Ce que je pense de ce verset

Ma prière pour toute situation pour laquelle j'ai besoin de demander pardon

Écrivez une bénédiction que le Seigneur vous a donnée aujourd'hui

Ma prière de supplication

Jean 15 : 8

Si vous portez beaucoup de fruit, c'est ainsi que mon Père sera glorifié, et que vous seres mes disciples.

Ce que je pense de ce verset

Qu'est-ce que Dieu m'apprend avec ce verset?

Écrivez une bénédiction que le Seigneur vous a donnée aujourd'hui

Ma prière de supplication

Romains 5:3

Bien plus, nous nous glorifions même des afflictions,
sachant que l'affliction produit la persévérance,
la persévérance la victoire dans l'épreuve,
et cette victoire l'espérance.

Ce que je pense de ce verset

Ma prière pour mon pays

Écrivez une bénédiction que le Seigneur vous a donnée aujourd'hui

Ma prière de supplication

Psaumes 18:2

ÉTERNEL, MON ROCHER, MA FORTERESSE, MON LIBÉRATEUR! MON DIEU.

Ce que je pense de ce verset

Sur quoi Dieu me demande-t-il de me concentrer?

Écrivez une bénédiction que le Seigneur vous a donnée aujourd'hui

Ma prière de supplication

Mon espace libre

Romains 13:8

NE DEVEZ RIEN À PERSONNE, SI CE N'EST DE VOUS AIMER LES UNS LES AUTRES; CAR CELUI QUI AIME LES AUTRES A ACCOMPLI LA LOI.

Ce que je pense de ce verset

Dans quelle situation récente ai-je réagi de manière réactive avec rage ou colère?

Écrivez une bénédiction que le Seigneur vous a donnée aujourd'hui

Ma prière de supplication

II Corinthiens 9:6

Sachez-le, celui qui sème peu moissonnera peu, et celui qui sème abondamment moissonnera abondamment.

Ce que je pense de ce verset

Ma prière pour ma famille

Écrivez une bénédiction que le Seigneur vous a donnée aujourd'hui

Ma prière de supplication

Jean 15:12

C`EST ICI MON COMMANDEMENT: AIMEZ-VOUS LES UNS LES AUTRES, COMME JE VOUS AI AIMÉS.

Ce que je pense de ce verset

Dans quelle situation ai-je décidé de croire aux circonstances extérieures au lieu de croire que Dieu est aux commandes?

Écrivez une bénédiction que le Seigneur vous a donnée aujourd'hui

Ma prière de supplication

NOUS AVONS 3 CADEAUX SPECIAUX POUR VOUS

1- UN SON SPÉCIAL POUR VOUS AIDER À MIEUX DORMIR, À L'ÉCOUTE DE LA PAROLE DU SEIGNEUR.

2- RECEVEZ NOS DÉVOTION POUR VOUS GARDER INSPIRÉ ET CONNECTÉ AVEC DIEU.

3- BELLES ILLUSTRATIONS À IMPRIMER ET A COLORIER AVEC DES VERSETS DE LA BIBLE

www.closr2god.com/french

POUR VOTRE COMMODITE, IL SUFFIT DE NUMERISER LE CODE CI-DESSOUS AVEC VOTRE SMARTPHONE (COMME SI VOUS DEVIEZ EN PRENDRE UNE PHOTO A L'AIDE DE VOTRE APPAREIL PHOTO), ET IL VOUS MONTRERA AUTOMATIQUEMENT LA PAGE POUR QUE VOUS PUISSIEZ ENTRER VOTRE E-MAIL ET LA RECEVOIR.

Ecclésiaste 5:10

> CELUI QUI AIME L'ARGENT N'EST PAS RASSASIÉ PAR L'ARGENT, ET CELUI QUI AIME LES RICHESSES N'EN PROFITE PAS. C'EST ENCORE LÀ UNE VANITÉ.

Ce que je pense de ce verset

Ma prière pour mes voisins

Écrivez une bénédiction que le Seigneur vous a donnée aujourd'hui

Ma prière de supplication

Romains 3:23-24

Car tous ont péché et sont privés de la gloire de Dieu; et ils sont gratuitement justifiés par sa grâce, par le moyen de la rédemption qui est en Jésus Christ.

Ce que je pense de ce verset

Quelles actions ai-je récemment entreprises et dont je suis fier?

Écrivez une bénédiction que le Seigneur vous a donnée aujourd'hui

Ma prière de supplication

I Corinthiens 13:13

> Maintenant donc ces trois choses demeurent: la foi, l'espérance, la charité; mais la plus grande de ces choses, c'est la charité.

Ce que je pense de ce verset

Dans quels domaines de ma vie ai-je besoin des conseils et des conseils de Dieu?

Écrivez une bénédiction que le Seigneur vous a donnée aujourd'hui

Ma prière de supplication

Psaumes 119:41-42

ÉTERNEL, QUE TA MISÉRICORDE VIENNE SUR MOI, TON SALUT SELON TA PROMESSE! ET JE POURRAI RÉPONDRE À CELUI QUI M`OUTRAGE, CAR JE ME CONFIE EN TA PAROLE.

Ce que je pense de ce verset

Ma prière pour quelqu'un qui a besoin de guérison

Écrivez une bénédiction que le Seigneur vous a donnée aujourd'hui

Ma prière de supplication

MON ESPACE POUR ECRIRE LIBREMENT

I Jean 3:1

Mais il y eut un homme d'entre les pharisiens, nommé Nicodème, un chef des Juifs.

Ce que je pense de ce verset

Dans quelles situations ai-je ressenti la présence de Dieu dans ma vie?

Écrivez une bénédiction que le Seigneur vous a donnée aujourd'hui

Ma prière de supplication

II Pierre 1:5-6

À CAUSE DE CELA MÊME, FAITES TOUS VOS EFFORTS POUR JOINDRE À VOTRE FOI LA VERTU, À LA VERTU LA SCIENCE, À LA SCIENCE LA TEMPÉRANCE, À LA TEMPÉRANCE LA PATIENCE, À LA PATIENCE LA PIÉTÉ.

Ce que je pense de ce verset

Y a-t-il eu une situation récente dans ma vie où j'ai été béni et pour laquelle je n'ai pas encore dit "Merci Dieu"?

Écrivez une bénédiction que le Seigneur vous a donnée aujourd'hui

Ma prière de supplication

I Corinthiens 13:1

QUAND JE PARLERAIS LES LANGUES DES HOMMES ET DES ANGES, SI JE N'AI PAS LA CHARITÉ, JE SUIS UN AIRAIN QUI RÉSONNE, OU UNE CYMBALE QUI RETENTIT.

Ce que je pense de ce verset

Je dois mettre ma confiance en Dieu dans ces situations de ma vie:

Écrivez une bénédiction que le Seigneur vous a donnée aujourd'hui

Ma prière de supplication

Psaumes 119:140-141

TA PAROLE EST ENTIÈREMENT ÉPROUVÉE, ET TON SERVITEUR L`AIME. JE SUIS PETIT ET MÉPRISÉ; JE N`OUBLIE POINT TES ORDONNANCES.

Ce que je pense de ce verset

Deux façons dont je peux mettre la parole de Dieu en action dans ma vie

Écrivez une bénédiction que le Seigneur vous a donnée aujourd'hui

Ma prière de supplication

Romains 1:5

Par qui nous avons reçu la grâce et l'apostolat, pour amener en son nom à l'obéissance de la foi tous les païens.

Ce que je pense de ce verset

....
....
....
....
....
....
....

Ma prière pour ces circonstances qui se produisent dans le monde

....
....
....
....
....
....
....

Écrivez une bénédiction que le Seigneur vous a donnée aujourd'hui

Ma prière de supplication

....
....
....

Mon espace libre

Jean 15:13

IL N`Y A PAS DE PLUS GRAND AMOUR QUE DE DONNER SA VIE POUR SES AMIS.

Ce que je pense de ce verset

Quel obstacle Dieu a-t-il retiré de ma vie récemment?
(C'est peut-être quelque chose de petit)

Écrivez une bénédiction que le Seigneur vous a donnée aujourd'hui

Ma prière de supplication

Psaumes 119:163-164

JE HAIS, JE DÉTESTE LE MENSONGE ; J'AIME TA LOI. SEPT FOIS LE JOUR JE TE CÉLÈBRE, A CAUSE DES LOIS DE TA JUSTICE.

Ce que je pense de ce verset

Ma prière pour résister à la tentation

Écrivez une bénédiction que le Seigneur vous a donnée aujourd'hui

Ma prière de supplication

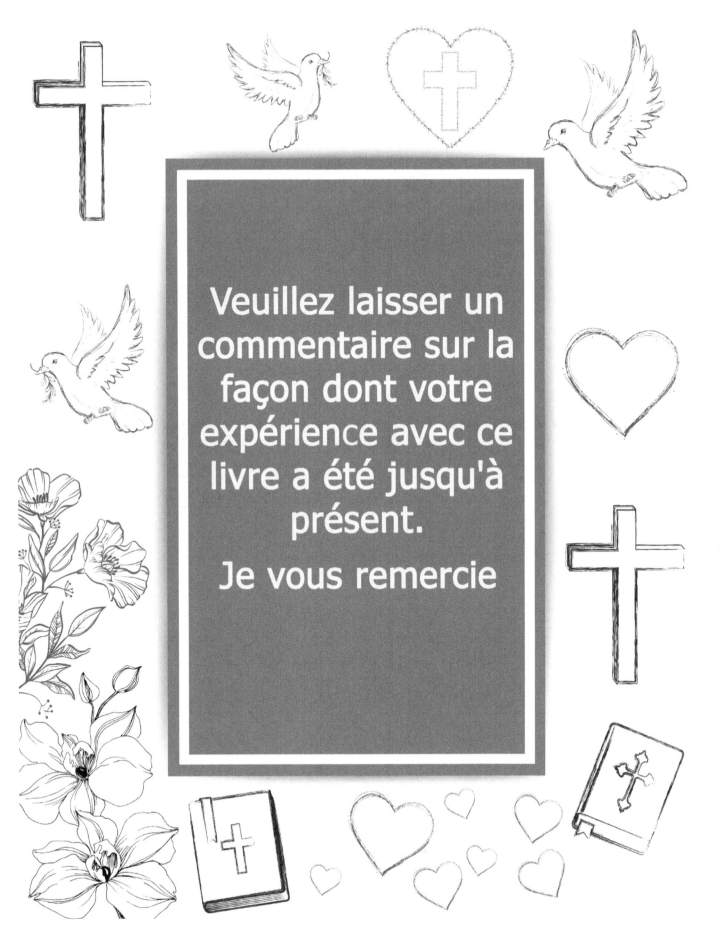

I Corinthiens 2:9

MAIS, COMME IL EST ÉCRIT, CE SONT DES CHOSES QUE L`OEIL N`A POINT VUES, QUE L`OREILLE N`A POINT ENTENDUES, ET QUI NE SONT POINT MONTÉES AU COEUR DE L`HOMME, DES CHOSES QUE DIEU A PRÉPARÉES POUR CEUX QUI L`AIMENT.

Ce que je pense de ce verset

Dieu: Aidez-moi à éliminer ces péchés ou comportements négatifs:

Écrivez une bénédiction que le Seigneur vous a donnée aujourd'hui

Ma prière de supplication

Éphésiens 4:14

AFIN QUE NOUS NE SOYONS PLUS DES ENFANTS, FLOTTANTS ET EMPORTÉS À TOUT VENT DE DOCTRINE, PAR LA TROMPERIE DES HOMMES, PAR LEUR RUSE DANS LES MOYENS DE SÉDUCTION.

Ce que je pense de ce verset

Ma prière pour un ami qui a besoin d'aide

Écrivez une bénédiction que le Seigneur vous a donnée aujourd'hui

Ma prière de supplication

I Jean 4:8

Celui qui n'aime pas n'a pas connu Dieu, car Dieu est amour.

Ce que je pense de ce verset

Quelles distractions négatives dois-je éliminer pour passer plus de temps avec Dieu ?

Écrivez une bénédiction que le Seigneur vous a donnée aujourd'hui

Ma prière de supplication

Jean 15:17

CE QUE JE VOUS COMMANDE, C'EST DE VOUS AIMER LES UNS LES AUTRES.

Ce que je pense de ce verset

Comment puis-je développer ma foi cette semaine?

Écrivez une bénédiction que le Seigneur vous a donnée aujourd'hui

Ma prière de supplication

MON ESPACE POUR ECRIRE LIBREMENT

Romains 5:8

Mais Dieu prouve son amour envers nous, en ce que, lorsque nous étions encore des pécheurs, Christ est mort pour nous.

Ce que je pense de ce verset

Ma prière pour un événement mondial qui a besoin de l'intervention de Dieu

Écrivez une bénédiction que le Seigneur vous a donnée aujourd'hui

Ma prière de supplication

Isaías 49:15

Une femme oublie-t-elle l'enfant qu'elle allaite?
N'a-t-elle pas pitié du fruit de ses entrailles?
Quand elle l'oublierait, Moi je ne t'oublierai point.

Ce que je pense de ce verset

Describe una situación donde Dios escuchó tus súplicas

Écrivez une bénédiction que le Seigneur vous a donnée aujourd'hui

Ma prière de supplication

I Jean 3:17

Si quelqu'un possède les biens du monde, et que, voyant son frère dans le besoin, il lui ferme ses entrailles, comment l'amour de Dieu demeure-t-il en lui?

Ce que je pense de ce verset

Ma prière pour quelqu'un qui est devenu un défi pour moi

Écrivez une bénédiction que le Seigneur vous a donnée aujourd'hui

Ma prière de supplication

Psaumes 36:5

ÉTERNEL! TA BONTÉ ATTEINT JUSQU`AUX CIEUX, TA FIDÉLITÉ JUSQU`AUX NUES.

Ce que je pense de ce verset

Décrivez deux choses que vous pouvez faire pour vous rapprocher de Dieu et mettre une date sur le calendrier

Écrivez une bénédiction que le Seigneur vous a donnée aujourd'hui

Ma prière de supplication

Marc 10:6-7

MAIS AU COMMENCEMENT DE LA CRÉATION, DIEU FIT L'HOMME ET LA FEMME; C'EST POURQUOI L'HOMME QUITTERA SON PÈRE ET SA MÈRE, ET S'ATTACHERA À SA FEMME.

Ce que je pense de ce verset

Dieu, aujourd'hui, je veux que tu m'apprends à:

Écrivez une bénédiction que le Seigneur vous a donnée aujourd'hui

Ma prière de supplication

Psaumes 36:10

ÉTENDS TA BONTÉ SUR CEUX QUI TE CONNAISSENT, ET TA JUSTICE SUR CEUX DONT LE COEUR EST DROIT!

Ce que je pense de ce verset

Ma prière pour les dirigeants politiques

Écrivez une bénédiction que le Seigneur vous a donnée aujourd'hui

Ma prière de supplication

Mon espace libre

Cantique 1:2

QU`IL ME BAISE DES BAISERS DE SA BOUCHE! CAR TON AMOUR VAUT MIEUX QUE LE VIN.

Ce que je pense de ce verset

Comment puis-je mettre en œuvre cette Écriture dans ma vie?

Écrivez une bénédiction que le Seigneur vous a donnée aujourd'hui

Ma prière de supplication

Cantique 1:8

Si tu ne le sais pas, ô la plus belle des femmes, sors sur les traces des brebis, et fais paître tes chevreaux près des demeures des bergers.

Ce que je pense de ce verset

Ma prière de protection pour quelqu'un dans le besoin

Écrivez une bénédiction que le Seigneur vous a donnée aujourd'hui

Ma prière de supplication

Cantique 2:2

Comme un lis au milieu des épines, Telle est mon amie parmi les jeunes filles.

Ce que je pense de ce verset

Comment Dieu agit-il dans ma vie en ce moment?

Écrivez une bénédiction que le Seigneur vous a donnée aujourd'hui

Ma prière de supplication

Cantique 2:16

MON BIEN-AIMÉ EST À MOI, ET JE SUIS À LUI ; IL FAIT PAÎTRE SON TROUPEAU PARMI LES LIS.

Ce que je pense de ce verset

Ma prière pour ma ville

Écrivez une bénédiction que le Seigneur vous a donnée aujourd'hui

Ma prière de supplication

Cantique 3:2

Je me lèverai, et je ferai le tour de la ville, Dans les rues et sur les places; Je chercherai celui que mon coeur aime... Je l`ai cherché, et je ne l`ai point trouvé.

Ce que je pense de ce verset

Dieu, aide-moi à surmonter les peurs suivantes:

Écrivez une bénédiction que le Seigneur vous a donnée aujourd'hui

Ma prière de supplication

Cantique 4:9

Tu me ravis le coeur, ma soeur, ma fiancée, Tu me ravis le coeur par l`un de tes regards, Par l`un des colliers de ton cou.

Ce que je pense de ce verset

Ma prière pour mes chefs spirituels et pour mes mentors

Écrivez une bénédiction que le Seigneur vous a donnée aujourd'hui

Ma prière de supplication

MON ESPACE POUR ECRIRE LIBREMENT

Cantique 6:3

JE SUIS À MON BIEN-AIMÉ, ET MON BIEN-AIMÉ EST À MOI;
IL FAIT PAÎTRE SON TROUPEAU PARMI LES LIS.

Ce que je pense de ce verset

Ma prière pour toute situation pour laquelle j'ai besoin de demander pardon

Écrivez une bénédiction que le Seigneur vous a donnée aujourd'hui

Ma prière de supplication

Cantique 7:10

Je suis à mon bien-aimé, Et ses désirs se portent vers moi.

Ce que je pense de ce verset

Qu'est-ce que Dieu m'apprend avec ce verset ?

Écrivez une bénédiction que le Seigneur vous a donnée aujourd'hui

Ma prière de supplication

Cantique 8:6

METS-MOI COMME UN SCEAU SUR TON COEUR, COMME UN SCEAU SUR TON BRAS; CAR L`AMOUR EST FORT COMME LA MORT, LA JALOUSIE EST INFLEXIBLE COMME LE SÉJOUR DES MORTS; SES ARDEURS SONT DES ARDEURS DE FEU, UNE FLAMME DE L`ÉTERNEL.

Ce que je pense de ce verset

Ma prière pour mon pays

Écrivez une bénédiction que le Seigneur vous a donnée aujourd'hui

Ma prière de supplication

Cantique 8:7

Les grandes eaux ne peuvent éteindre l'amour, Et les fleuves ne le submergeraient pas; Quand un homme offrirait tous les biens de sa maison contre l'amour, Il ne s'attirerait que le mépris.

Ce que je pense de ce verset

Sur quoi Dieu me demande-t-il de me concentrer?

Écrivez une bénédiction que le Seigneur vous a donnée aujourd'hui

Ma prière de supplication

Deutéronome 24:5

Lorsqu'un homme sera nouvellement marié, il n'ira point à l'armée, et on ne lui imposera aucune charge; il sera exempté par raison de famille pendant un an, et il réjouira la femme qu'il a prise.

Ce que je pense de ce verset

Dans quelle situation récente ai-je réagi de manière réactive avec rage ou colère?

Écrivez une bénédiction que le Seigneur vous a donnée aujourd'hui

Ma prière de supplication

Mon espace libre

Ecclésiaste 4:9-10

DEUX VALENT MIEUX QU`UN, PARCE QU`ILS RETIRENT UN BON SALAIRE DE LEUR TRAVAIL. CAR, S`ILS TOMBENT, L`UN RELÈVE SON COMPAGNON; MAIS MALHEUR À CELUI QUI EST SEUL ET QUI TOMBE, SANS AVOIR UN SECOND POUR LE RELEVER!

Ce que je pense de ce verset

Ma prière pour ma famille

Écrivez une bénédiction que le Seigneur vous a donnée aujourd'hui

Ma prière de supplication

Mon espace libre

Proverbes 10:12

La haine excite des querelles, Mais l'amour couvre toutes les fautes.

Ce que je pense de ce verset

Dans quelle situation ai-je décidé de croire aux circonstances extérieures au lieu de croire que Dieu est aux commandes?

Écrivez une bénédiction que le Seigneur vous a donnée aujourd'hui

Ma prière de supplication

Colossiens 3:12

Ainsi donc, comme des élus de Dieu, saints et bien-aimés, revêtez-vous d'entrailles de miséricorde, de bonté, d'humilité, de douceur, de patience.

Ce que je pense de ce verset

Ma prière pour mes voisins

Écrivez une bénédiction que le Seigneur vous a donnée aujourd'hui

Ma prière de supplication

Matthieu 5:43

VOUS AVEZ APPRIS QU`IL A ÉTÉ DIT: TU AIMERAS TON PROCHAIN, ET TU HAÏRAS TON ENNEMI

Ce que je pense de ce verset

Quelles actions ai-je récemment entreprises et dont je suis fier?

Écrivez une bénédiction que le Seigneur vous a donnée aujourd'hui

Ma prière de supplication

Luc 6:27

Mais je vous dis, à vous qui m'écoutez: Aimez vos ennemis, faites du bien à ceux qui vous haïssent.

Ce que je pense de ce verset

Dans quels domaines de ma vie ai-je besoin des conseils et des conseils de Dieu?

Écrivez une bénédiction que le Seigneur vous a donnée aujourd'hui

Ma prière de supplication

MON ESPACE POUR ECRIRE LIBREMENT

Lévitique 19:18

TU NE TE VENGERAS POINT, ET TU NE GARDERAS POINT DE RANCUNE CONTRE LES ENFANTS DE TON PEUPLE. TU AIMERAS TON PROCHAIN COMME TOI-MÊME. JE SUIS L`ÉTERNEL.

Ce que je pense de ce verset

Ma prière pour quelqu'un qui a besoin de guérison

Écrivez une bénédiction que le Seigneur vous a donnée aujourd'hui

Ma prière de supplication

Ephésiens 4:32

Soyez bons les uns envers les autres, compatissants, vous pardonnant réciproquement, comme Dieu vous a pardonné en Christ.

Ce que je pense de ce verset

Dans quelles situations ai-je ressenti la présence de Dieu dans ma vie?

Écrivez une bénédiction que le Seigneur vous a donnée aujourd'hui

Ma prière de supplication

Jean 14:15

SI VOUS M'AIMEZ, GARDEZ MES COMMANDEMENTS.

Ce que je pense de ce verset

Y a-t-il eu une situation récente dans ma vie où j'ai été béni et pour laquelle je n'ai pas encore dit "Merci Dieu"?

Écrivez une bénédiction que le Seigneur vous a donnée aujourd'hui

Ma prière de supplication

Matthieu 10:37

Celui qui aime son père ou sa mère plus que moi n'est pas digne de moi, et celui qui aime son fils ou sa fille plus que moi n'est pas digne de moi.

Ce que je pense de ce verset

Je dois mettre ma confiance en Dieu dans ces situations de ma vie :

Écrivez une bénédiction que le Seigneur vous a donnée aujourd'hui

Ma prière de supplication

Deutéronome 11:13

SI VOUS OBÉISSEZ À MES COMMANDEMENTS QUE JE VOUS PRESCRIS AUJOURD'HUI, SI VOUS AIMEZ L'ÉTERNEL, VOTRE DIEU, ET SI VOUS LE SERVEZ DE TOUT VOTRE COEUR ET DE TOUTE VOTRE ÂME.

Ce que je pense de ce verset

Deux façons dont je peux mettre la parole de Dieu en action dans ma vie

Écrivez une bénédiction que le Seigneur vous a donnée aujourd'hui

Ma prière de supplication

Jean 14:21

Celui qui a mes commandements et qui les garde, c'est celui qui m'aime; et celui qui m'aime sera aimé de mon Père, je l'aimerai, et je me ferai connaître à lui.

Ce que je pense de ce verset

Ma prière pour ces circonstances qui se produisent dans le monde

Écrivez une bénédiction que le Seigneur vous a donnée aujourd'hui

Ma prière de supplication

Psaumes 116:1-2

J'AIME L'ÉTERNEL, CAR IL ENTEND MA VOIX, MES SUPPLICATIONS ; CAR IL A PENCHÉ SON OREILLE VERS MOI ; ET JE L'INVOQUERAI TOUTE MA VIE.

Ce que je pense de ce verset

Quel obstacle Dieu a-t-il retiré de ma vie récemment ?
(C'est peut-être quelque chose de petit)

Écrivez une bénédiction que le Seigneur vous a donnée aujourd'hui

Ma prière de supplication

I Jean 4:9

L'amour de Dieu a été manifesté envers nous en ce que Dieu a envoyé son Fils unique dans le monde, afin que nous vivions par lui.

Ce que je pense de ce verset

Ma prière pour résister à la tentation

Écrivez une bénédiction que le Seigneur vous a donnée aujourd'hui

Ma prière de supplication

Psaumes 136:1

LOUEZ L`ÉTERNEL, CAR IL EST BON, CAR SA MISÉRICORDE DURE À TOUJOURS!

Ce que je pense de ce verset

Dieu: Aidez-moi à éliminer ces péchés ou comportements négatifs:

Écrivez une bénédiction que le Seigneur vous a donnée aujourd'hui

Ma prière de supplication

Jean 14:30

Je ne parlerai plus guère avec vous; car le prince du monde vient. Il n'a rien en moi.

Ce que je pense de ce verset

Ma prière pour un ami qui a besoin d'aide

Écrivez une bénédiction que le Seigneur vous a donnée aujourd'hui

Ma prière de supplication

Psaumes 31:23

Aimez l'Éternel, vous qui avez de la piété! L'Éternel garde les fidèles, et il punit sévèrement les orgueilleux.

Ce que je pense de ce verset

Quelles distractions négatives dois-je éliminer pour passer plus de temps avec Dieu?

Écrivez une bénédiction que le Seigneur vous a donnée aujourd'hui

Ma prière de supplication

Deutéronome 11:1

TU AIMERAS L'ÉTERNEL, TON DIEU, ET TU OBSERVERAS TOUJOURS SES PRÉCEPTES, SES LOIS, SES ORDONNANCES ET SES COMMANDEMENTS.

Ce que je pense de ce verset

Comment puis-je développer ma foi cette semaine?

Écrivez une bénédiction que le Seigneur vous a donnée aujourd'hui

Ma prière de supplication

Mon espace libre

I Jean 4:16

Et nous, nous avons connu l`amour que Dieu a pour nous, et nous y avons cru. Dieu est amour; et celui qui demeure dans l`amour demeure en Dieu.

Ce que je pense de ce verset

Ma prière pour un événement mondial qui a besoin de l'intervention de Dieu

Écrivez une bénédiction que le Seigneur vous a donnée aujourd'hui

Ma prière de supplication

Luc 10:26

JÉSUS LUI DIT: QU`EST-IL ÉCRIT DANS LA LOI? QU`Y LIS-TU?

Ce que je pense de ce verset

Décrivez une situation où Dieu a entendu vos appels

Écrivez une bénédiction que le Seigneur vous a donnée aujourd'hui

Ma prière de supplication

Josué 23:11

Veillez donc attentivement sur vos âmes, afin d'aimer l'Éternel, votre Dieu.

Ce que je pense de ce verset

Ma prière pour quelqu'un qui est devenu un défi pour moi

Écrivez une bénédiction que le Seigneur vous a donnée aujourd'hui

Ma prière de supplication

Marc 12:28

Un des scribes, qui les avait entendus discuter, sachant que Jésus avait bien répondu aux sadducéens, s'approcha, et lui demanda: Quel est le premier de tous les commandements?

Ce que je pense de ce verset

Décrivez deux choses que vous pouvez faire pour vous rapprocher de Dieu et mettre une date sur le calendrier

Écrivez une bénédiction que le Seigneur vous a donnée aujourd'hui

Ma prière de supplication

I Jean 4:18

La crainte n`est pas dans l`amour, mais l`amour parfait bannit la crainte; car la crainte suppose un châtiment, et celui qui craint n`est pas parfait dans l`amour.

Lo que pienso sobre este versículo

....
....
....
....
....
....
....

Dieu, aujourd'hui, je veux que tu m'apprends à:

....
....
....
....
....
....
....

Una bendición que el señor me ha regalado hoy:

Señor, hoy te pido:

....
....
....

Ephésiens 4:2

En toute humilité et douceur, avec patience, vous supportant les uns les autres avec charité.

Ce que je pense de ce verset

Ma prière pour les dirigeants politiques

Écrivez une bénédiction que le Seigneur vous a donnée aujourd'hui

Ma prière de supplication

Deutéronome 6:5

TU AIMERAS L'ÉTERNEL, TON DIEU, DE TOUT TON COEUR, DE TOUTE TON ÂME ET DE TOUTE TA FORCE.

Ce que je pense de ce verset

Comment puis-je mettre en œuvre cette Écriture dans ma vie?

Écrivez une bénédiction que le Seigneur vous a donnée aujourd'hui

Ma prière de supplication

I Jean 4:19

POUR NOUS, NOUS L`AIMONS, PARCE QU`IL NOUS A AIMÉS LE PREMIER.

Ce que je pense de ce verset

Ma prière de protection pour quelqu'un dans le besoin

Écrivez une bénédiction que le Seigneur vous a donnée aujourd'hui

Ma prière de supplication

II Jean 1:5

ET MAINTENANT, CE QUE JE TE DEMANDE, KYRIA, -NON COMME TE PRESCRIVANT UN COMMANDEMENT NOUVEAU, MAIS CELUI QUE NOUS AVONS EU DÈS LE COMMENCEMENT, - C`EST QUE NOUS NOUS AIMIONS LES UNS LES AUTRES.

Ce que je pense de ce verset

Comment Dieu agit-il dans ma vie en ce moment?

Écrivez une bénédiction que le Seigneur vous a donnée aujourd'hui

Ma prière de supplication

Psaumes 44:3

CAR CE N`EST POINT PAR LEUR ÉPÉE QU`ILS SE SONT EMPARÉS DU PAYS, CE N`EST POIN LEUR BRAS QUI LES A SAUVÉS; MAIS C`EST TA DROITE, C`EST TON BRAS, C`EST LA LUMIÈRE DE TA FACE, PARCE QUE TU LES AIMAIS.

Ce que je pense de ce verset

Ma prière pour ma ville

Écrivez une bénédiction que le Seigneur vous a donnée aujourd'hui

Ma prière de supplication

MON ESPACE POUR ECRIRE LIBREMENT

Esaïe 54:10

QUAND LES MONTAGNES S'ÉLOIGNERAIENT, QUAND LES COLLINES CHANCELLERAIENT, MON AMOUR NE S'ÉLOIGNERA POINT DE TOI, ET MON ALLIANCE DE PAIX NE CHANCELLERA POINT, DIT L'ÉTERNEL, QUI A COMPASSION DE TOI.

Ce que je pense de ce verset

Dieu, aide-moi à surmonter les peurs suivantes :

Écrivez une bénédiction que le Seigneur vous a donnée aujourd'hui

Ma prière de supplication

Romains 12:9

Que la charité soit sans hypocrisie. Ayez le mal en horreur; attachez-vous fortement au bien.

Ce que je pense de ce verset

Ma prière pour mes chefs spirituels et pour mes mentors

Écrivez une bénédiction que le Seigneur vous a donnée aujourd'hui

Ma prière de supplication

Ephésiens 5:1

DEVENEZ DONC LES IMITATEURS DE DIEU, COMME DES ENFANTS BIEN-AIMÉS.

Ce que je pense de ce verset

Ma prière pour toute situation pour laquelle j'ai besoin de demander pardon

Écrivez une bénédiction que le Seigneur vous a donnée aujourd'hui

Ma prière de supplication

Colossiens 3:13

SUPPORTEZ-VOUS LES UNS LES AUTRES, ET, SI L'UN A SUJET DE SE PLAINDRE DE L'AUTRE, PARDONNEZ-VOUS RÉCIPROQUEMENT. DE MÊME QUE CHRIST VOUS A PARDONNÉ, PARDONNEZ-VOUS AUSSI.

Ce que je pense de ce verset

Qu'est-ce que Dieu m'apprend avec ce verset?

Écrivez une bénédiction que le Seigneur vous a donnée aujourd'hui

Ma prière de supplication

Psaumes 63:3-4

Car ta bonté vaut mieux que la vie: Mes lèvres célèbrent tes louanges. Je te bénirai donc toute ma vie, j'élèverai mes mains en ton nom.

Ce que je pense de ce verset

Ma prière pour mon pays

Écrivez une bénédiction que le Seigneur vous a donnée aujourd'hui

Ma prière de supplication

Éphésiens 5:25

Maris, aimez vos femmes, comme Christ a aimé l`église, et s`est livré lui-même pour elle.

Ce que je pense de ce verset

Sur quoi Dieu me demande-t-il de me concentrer?

Écrivez une bénédiction que le Seigneur vous a donnée aujourd'hui

Ma prière de supplication

Psaumes 33:5

IL AIME LA JUSTICE ET LA DROITURE; LA BONTÉ DE L'ÉTERNEL REMPLIT LA TERRE.

Ce que je pense de ce verset

Dans quelle situation récente ai-je réagi de manière réactive avec rage ou colère?

Écrivez une bénédiction que le Seigneur vous a donnée aujourd'hui

Ma prière de supplication

I Corinthiens 13:8

La charité ne périt jamais. Les prophéties prendront fin, les langues cesseront, la connaissance disparaîtra.

Ce que je pense de ce verset

Ma prière pour ma famille

Écrivez une bénédiction que le Seigneur vous a donnée aujourd'hui

Ma prière de supplication

Ephésiens 25:28

LE MARI DOIT AIMER SA FEMME, TOUT COMME IL AIME SON PROPRE CORPS.

Ce que je pense de ce verset

Dans quelle situation ai-je décidé de croire aux circonstances extérieures au lieu de croire que Dieu est aux commandes?

Écrivez une bénédiction que le Seigneur vous a donnée aujourd'hui

Ma prière de supplication

Romains 13:10

L'AMOUR NE FAIT POINT DE MAL AU PROCHAIN:
L'AMOUR EST DONC L'ACCOMPLISSEMENT DE LA LOI.

Ce que je pense de ce verset

Ma prière pour mes voisins

Écrivez une bénédiction que le Seigneur vous a donnée aujourd'hui

Ma prière de supplication

Psaumes 86:5

CAR TU ES BON, SEIGNEUR, TU PARDONNES, TU ES PLEIN D'AMOUR POUR TOUS CEUX QUI POUR TOUS CEUX QUI T'INVOQUENT.

Ce que je pense de ce verset

Quelles actions ai-je récemment entreprises et dont je suis fier?

Écrivez une bénédiction que le Seigneur vous a donnée aujourd'hui

Ma prière de supplication

I Corinthiens 16:13-14

VEILLEZ, DEMEUREZ FERMES DANS LA FOI, SOYEZ DES HOMMES, FORTIFIEZ-VOUS. QUE TOUT CE QUE VOUS FAITES SE FASSE AVEC CHARITÉ!

Ce que je pense de ce verset

Dans quels domaines de ma vie ai-je besoin des conseils et des conseils de Dieu?

Écrivez une bénédiction que le Seigneur vous a donnée aujourd'hui

Ma prière de supplication

MON ESPACE POUR ECRIRE LIBREMENT

I Corinthiens 16:22

Si quelqu'un n'aime pas le Seigneur, qu'il soit anathème! Maranatha.

Ce que je pense de ce verset

Ma prière pour quelqu'un qui a besoin de guérison

Écrivez une bénédiction que le Seigneur vous a donnée aujourd'hui

Ma prière de supplication

Psaumes 97:10

Vous qui aimez l'Éternel, haïssez le mal! Il garde les âmes de ses fidèles, Il les délivre de la main des méchants.

Ce que je pense de ce verset

Dans quelles situations ai-je ressenti la présence de Dieu dans ma vie?

Écrivez une bénédiction que le Seigneur vous a donnée aujourd'hui

Ma prière de supplication

Romains 8:35

Qui nous séparera de l'amour de Christ? Sera-ce la tribulation, ou l'angoisse, ou la persécution, ou la faim, ou la nudité, ou le péril, ou l'épée?

Ce que je pense de ce verset

Y a-t-il eu une situation récente dans ma vie où j'ai été béni et pour laquelle je n'ai pas encore dit "Merci Dieu"?

Écrivez une bénédiction que le Seigneur vous a donnée aujourd'hui

Ma prière de supplication

Sophonie 3:16

DIEU, EST AU MILIEU DE TOI, COMME UN HÉROS QUI SAUVE; IL FERA DE TOI SA PLUS GRANDE JOIE; IL GARDERA LE SILENCE DIEU, EST AU MILIEU DE TOI, COMME UN HÉROS QUI SAUVE.

Ce que je pense de ce verset

Je dois mettre ma confiance en Dieu dans ces situations de ma vie:

Écrivez une bénédiction que le Seigneur vous a donnée aujourd'hui

Ma prière de supplication

Mon espace libre

Romains 8:38

Car j'ai l'assurance que ni la mort ni la vie, ni les anges ni les dominations, ni les choses présentes ni les choses à venir.

Ce que je pense de ce verset

Deux façons dont je peux mettre la parole de Dieu en action dans ma vie

Écrivez une bénédiction que le Seigneur vous a donnée aujourd'hui

Ma prière de supplication

Psalms 86:5

CAR TU ES BON, SEIGNEUR, TU PARDONNES, TU ES PLEIN D`AMOUR POUR TOUS CEUX QUI T`INVOQUENT.

Ce que je pense de ce verset

Ma prière pour ces circonstances qui se produisent dans le monde

Écrivez une bénédiction que le Seigneur vous a donnée aujourd'hui

Ma prière de supplication

Deutéronome 7:9

Sache donc que c'est l'Éternel, ton Dieu, qui est Dieu. Ce Dieu fidèle garde son alliance et sa miséricorde jusqu'à la millième génération envers ceux qui l'aiment et qui observent ses commandements.

Ce que je pense de ce verset

Quel obstacle Dieu a-t-il retiré de ma vie récemment?
(C'est peut-être quelque chose de petit)

Écrivez une bénédiction que le Seigneur vous a donnée aujourd'hui

Ma prière de supplication

Psaumes 86:12-13

Je te louerai de tout mon coeur, Seigneur, mon Dieu! Et je glorifierai ton nom à perpétuité. Car ta bonté est grande envers moi, Et tu délivres mon âme du séjour profond des morts.

Ce que je pense de ce verset

Ma prière pour résister à la tentation

Écrivez une bénédiction que le Seigneur vous a donnée aujourd'hui

Ma prière de supplication

Jérémie 31:3

DE LOIN L'ÉTERNEL SE MONTRE À MOI: JE T'AIME D'UN AMOUR ÉTERNEL; C'EST POURQUOI JE TE CONSERVE MA BONTÉ.

Ce que je pense de ce verset

```
...........................................................................................
...........................................................................................
...........................................................................................
...........................................................................................
...........................................................................................
...........................................................................................
...........................................................................................
```

Dieu: Aidez-moi à éliminer ces péchés ou comportements négatifs:

```
...........................................................................................
...........................................................................................
...........................................................................................
...........................................................................................
...........................................................................................
...........................................................................................
...........................................................................................
```

Écrivez une bénédiction que le Seigneur vous a donnée aujourd'hui

Ma prière de supplication

```
...........................................................................................
...........................................................................................
...........................................................................................
```

Éphésiens 2:4-5

Mais Dieu, qui est riche en miséricorde, à cause du grand amour dont il nous a aimés, nous qui étions morts par nos offenses, nous a rendus à la vie avec Christ.

Ce que je pense de ce verset

Ma prière pour un ami qui a besoin d'aide

Écrivez une bénédiction que le Seigneur vous a donnée aujourd'hui

Ma prière de supplication

Lamentations 3:22

LES BONTÉS DE L'ÉTERNEL NE SONT PAS ÉPUISÉS, SES COMPASSIONS NE SONT PAS À LEUR TERME.

Ce que je pense de ce verset

Quel obstacle Dieu a-t-il retiré de ma vie récemment?
(C'est peut-être quelque chose de petit)

Écrivez une bénédiction que le Seigneur vous a donnée aujourd'hui

Ma prière de supplication

MON ESPACE POUR ECRIRE LIBREMENT

Ephésiens 2:6

IL NOUS A RESSUSCITÉS ENSEMBLE, ET NOUS A FAIT ASSEOIR ENSEMBLE DANS LES LIEUX CÉLESTES, EN JÉSUS CHRIST.

Ce que je pense de ce verset

Ma prière pour résister à la tentation

Écrivez une bénédiction que le Seigneur vous a donnée aujourd'hui

Ma prière de supplication

Psaumes 136:23

Celui qui se souvint de nous quand nous étions humiliés, Car sa miséricorde dure à toujours!

Ce que je pense de ce verset

....
....
....
....
....
....
....

Dieu: Aidez-moi à éliminer ces péchés ou comportements négatifs:

....
....
....
....
....
....
....

Écrivez une bénédiction que le Seigneur vous a donnée aujourd'hui

Ma prière de supplication

....
....
....

Genèse 2:24

C`EST POURQUOI L`HOMME QUITTERA SON PÈRE ET SA MÈRE, ET S`ATTACHERA À SA FEMME, ET ILS DEVIENDRONT UNE SEULE CHAIR.

Ce que je pense de ce verset

Décrivez une situation où Dieu a entendu vos appels

Écrivez une bénédiction que le Seigneur vous a donnée aujourd'hui

Ma prière de supplication

I Pierre 3:7

MARIS, MONTRER À VOTRE TOUR DE LA SAGESSE DANS VOS RAPPORTS AVEC VOS FEMMES, COMME AVEC UN SEXE PLUS FAIBLE; HONOREZ-LES, COMME DEVANT AUSSI HÉRITER AVEC VOUS DE LA GRÂCE DE LA VIE.

Ce que je pense de ce verset

Ma prière pour quelqu'un qui est devenu un défi pour moi

Écrivez une bénédiction que le Seigneur vous a donnée aujourd'hui

Ma prière de supplication

I Pierre 3:8

Enfin, soyez tous animés des mêmes pensées et des mêmes sentiments, pleins d'amour fraternel, de compassion, d'humilité.

Ce que je pense de ce verset

Décrivez deux choses que vous pouvez faire pour vous rapprocher de Dieu et mettre une date sur le calendrier

Écrivez une bénédiction que le Seigneur vous a donnée aujourd'hui

Ma prière de supplication

Psaumes 27:10

Car mon père et ma mère m'abandonnent, Mais l'Éternel me recueillera.

Ce que je pense de ce verset

Dieu, aujourd'hui, je veux que tu m'apprends à :

Écrivez une bénédiction que le Seigneur vous a donnée aujourd'hui

Ma prière de supplication

I Pierre 3:10

Si quelqu'un, en effet, veut aimer la vie et voir des jours heureux, qu'il préserve sa langue du mal et ses lèvres des paroles trompeuses.

Ce que je pense de ce verset

Ma prière pour les dirigeants politiques

Écrivez une bénédiction que le Seigneur vous a donnée aujourd'hui

Ma prière de supplication

Ecclésiaste 9:9

JOUIS DE LA VIE AVEC LA FEMME QUE TU AIMES, PENDANT TOUS LES JOURS DE TA VIE DE VANITÉ, QUE DIEU T`A DONNÉS SOUS LE SOLEIL, PENDANT TOUS LES JOURS DE TA VANITÉ; CAR C`EST TA PART DANS LA VIE, AU MILIEU DE TON TRAVAIL QUE TU FAIS SOUS LE SOLEIL.

Ce que je pense de ce verset

Comment puis-je mettre en œuvre cette Écriture dans ma vie?

Écrivez une bénédiction que le Seigneur vous a donnée aujourd'hui

Ma prière de supplication

Colossiens 3:18-19

Femmes, soyez soumises à vos maris, comme il convient dans le Seigneur. Maris, aimez vos femmes, et ne vous aigrissez pas contre elles.

Ce que je pense de ce verset

Ma prière de protection pour quelqu'un dans le besoin

Écrivez une bénédiction que le Seigneur vous a donnée aujourd'hui

Ma prière de supplication

Psaumes 86:15

Mais toi, Seigneur, tu es un Dieu miséricordieux et compatissant, Lent à la colère, riche en bonté et en fidélité.

Ce que je pense de ce verset

Comment Dieu agit-il dans ma vie en ce moment?

Écrivez une bénédiction que le Seigneur vous a donnée aujourd'hui

Ma prière de supplication

Amos 3:3

DEUX HOMMES MARCHENT-ILS ENSEMBLE, SANS EN ÊTRE CONVENUS?

Ce que je pense de ce verset

Ma prière pour ma ville

Écrivez une bénédiction que le Seigneur vous a donnée aujourd'hui

Ma prière de supplication

Hébreux 13:4

QUE LE MARIAGE SOIT HONORÉ DE TOUS, ET LE LIT CONJUGAL EXEMPT DE SOUILLURE, CAR DIEU JUGERA LES IMPUDIQUES ET LES ADULTÈRES.

Ce que je pense de ce verset

Dieu, aide-moi à surmonter les peurs suivantes :

Écrivez une bénédiction que le Seigneur vous a donnée aujourd'hui

Ma prière de supplication

MON ESPACE POUR ECRIRE LIBREMENT

Matthieu 19:4

Il répondit: N'avez-vous pas lu que le Créateur, au commencement, fit l'homme et la femme.

Ce que je pense de ce verset

Ma prière pour mes chefs spirituels et pour mes mentors

Écrivez une bénédiction que le Seigneur vous a donnée aujourd'hui

Ma prière de supplication

Psaumes 94:17-18

Si l'Éternel n'était pas mon secours, Mon âme serait bien vite dans la demeure du silence. Quand je dis: Mon pied chancelle! Ta bonté, ô Éternel! me sert d'appui.

Ce que je pense de ce verset

Ma prière pour toute situation pour laquelle j'ai besoin de demander pardon

Écrivez une bénédiction que le Seigneur vous a donnée aujourd'hui

Ma prière de supplication

Hébreux 13:25

Que la grâce soit avec vous tous! Amen!

Ce que je pense de ce verset

Qu'est-ce que Dieu m'apprend avec ce verset?

Écrivez une bénédiction que le Seigneur vous a donnée aujourd'hui

Ma prière de supplication

Jean 14:16

ET MOI, JE PRIERAI LE PÈRE, ET IL VOUS DONNERA UN AUTRE CONSOLATEUR, AFIN QU'IL DEMEURE ÉTERNELLEMENT AVEC VOUS.

Ce que je pense de ce verset

Ma prière pour mon pays

Écrivez une bénédiction que le Seigneur vous a donnée aujourd'hui

Ma prière de supplication

Mon espace libre

Proverbes 18:22

Celui qui trouve une femme trouve le bonheur;
C'est une grâce qu'il une grâce qu'il
obtient de l'Éternel.

Ce que je pense de ce verset

Sur quoi Dieu me demande-t-il de me concentrer?

Écrivez une bénédiction que le Seigneur vous a donnée aujourd'hui

Ma prière de supplication

Mon espace libre

Ruth 1:16

¡Ruth répondit: Ne me presse pas de te laisser, de retourner loin de toi! Où tu iras j`irai, où tu demeureras je demeurerai; ton peuple sera mon peuple, et ton Dieu sera mon Dieu.

Ce que je pense de ce verset

Dans quelle situation récente ai-je réagi de manière réactive avec rage ou colère?

Écrivez une bénédiction que le Seigneur vous a donnée aujourd'hui

Ma prière de supplication

Psaumes 127:3

Voici, des fils sont un héritage de l'Éternel, Le fruit des entrailles est une récompense.

Ce que je pense de ce verset

Ma prière pour ma famille

Écrivez une bénédiction que le Seigneur vous a donnée aujourd'hui

Ma prière de supplication

Proverbes 5:18

Que ta source soit bénie, Et fais ta joie de la femme de ta jeunesse.

Ce que je pense de ce verset

....
....
....
....
....
....
....

Dans quelle situation ai-je décidé de croire aux circonstances extérieures au lieu de croire que Dieu est aux commandes?

....
....
....
....
....
....
....

Écrivez une bénédiction que le Seigneur vous a donnée aujourd'hui

Ma prière de supplication

....
....
....

I Timothée 1:5

LE BUT DU COMMANDEMENT, C'EST UNE CHARITÉ VENANT D'UN COEUR PUR, D'UNE BONNE CONSCIENCE, ET D'UNE FOI SINCÈRE.

Ce que je pense de ce verset

Ma prière pour mes voisins

Écrivez une bénédiction que le Seigneur vous a donnée aujourd'hui

Ma prière de supplication

Proverbes 18:24

Celui qui a beaucoup d`amis les a pour son malheur,
Mais il est tel ami plus attaché qu`un frère.

Ce que je pense de ce verset

....
....
....
....
....
....
....

Quelles actions ai-je récemment entreprises et dont je suis fier?

....
....
....
....
....
....
....

Écrivez une bénédiction que le Seigneur vous a donnée aujourd'hui

Ma prière de supplication

....
....
....

I Thessaloniciens 4:9

POUR CE QUI EST DE L'AMOUR FRATERNEL, VOUS N'AVEZ PAS BESOIN QU'ON VOUS EN ÉCRIVE; CAR VOUS AVEZ VOUS-MÊMES APPRIS DE DIEU À VOUS AIMER LES UNS LES AUTRES.

Ce que je pense de ce verset

Dans quels domaines de ma vie ai-je besoin des conseils et des conseils de Dieu?

Écrivez une bénédiction que le Seigneur vous a donnée aujourd'hui

Ma prière de supplication

Galates 5:6

CAR, EN JÉSUS CHRIST, NI LA CIRCONCISION NI L`INCIRCONCISION N`A DE VALEUR, MAIS LA FOI QUI EST AGISSANTE PAR LA CHARITÉ.

Ce que je pense de ce verset

Ma prière pour quelqu'un qui a besoin de guérison

Écrivez une bénédiction que le Seigneur vous a donnée aujourd'hui

Ma prière de supplication

Colossiens 1:8

ET QUI NOUS A APPRIS DE QUELLE CHARITÉ L`ESPRIT VOUS ANIME.

Ce que je pense de ce verset

Dans quelles situations ai-je ressenti la présence de Dieu dans ma vie?

Écrivez une bénédiction que le Seigneur vous a donnée aujourd'hui

Ma prière de supplication

I Pierre 1:8

LUI QUE VOUS AIMEZ SANS L`AVOIR VU, EN QUI VOUS CROYEZ SANS LE VOIR ENCORE, VOUS RÉJOUISSANT D`UNE JOIE INEFFABLE ET GLORIEUSE.

Ce que je pense de ce verset

Y a-t-il eu une situation récente dans ma vie où j'ai été béni et pour laquelle je n'ai pas encore dit "Merci Dieu"?

Écrivez une bénédiction que le Seigneur vous a donnée aujourd'hui

Ma prière de supplication

Galates 5:13

Frères, vous avez été appelés à la liberté, seulement ne faites pas de cette liberté un prétexte de vivre selon la chair; mais rendez-vous, par la charité, serviteurs les uns des autres.

Ce que je pense de ce verset

Je dois mettre ma confiance en Dieu dans ces situations de ma vie:

Écrivez une bénédiction que le Seigneur vous a donnée aujourd'hui

Ma prière de supplication

Mon espace libre

I Pierre 1:10

Les prophètes, qui ont prophétisé touchant la grâce qui vous était réservée, ont fait de ce salut l`objet de leurs recherches et de leurs investigations.

Ce que je pense de ce verset

Deux façons dont je peux mettre la parole de Dieu en action dans ma vie

Écrivez une bénédiction que le Seigneur vous a donnée aujourd'hui

Ma prière de supplication

I Thessaloniciens 1:3

Nous rappelant sans cesse l'oeuvre de votre foi, le travail de votre charité, et la fermeté de votre espérance en notre Seigneur Jésus Christ,

Ce que je pense de ce verset

Ma prière pour ces circonstances qui se produisent dans le monde

Écrivez une bénédiction que le Seigneur vous a donnée aujourd'hui

Ma prière de supplication

I Pierre 1:22

AYANT PURIFIÉ VOS ÂMES EN OBÉISSANT À LA VÉRITÉ POUR AVOIR UN AMOUR FRATERNEL SINCÈRE.

Ce que je pense de ce verset

Quel obstacle Dieu a-t-il retiré de ma vie récemment?
(C'est peut-être quelque chose de petit)

Écrivez une bénédiction que le Seigneur vous a donnée aujourd'hui

Ma prière de supplication

Hébreux 6:10

Car Dieu n'est pas injuste, pour oublier votre travail et l'amour que vous avez montré pour son nom, ayant rendu et rendant encore des services aux saints.

Ce que je pense de ce verset

Ma prière pour résister à la tentation

Écrivez une bénédiction que le Seigneur vous a donnée aujourd'hui

Ma prière de supplication

Galates 5:22

Mais le fruit de l'Esprit, c'est l'amour, la joie, la paix, la patience, la bonté, la bénignité, la fidélité, la douceur, la tempérance.

Ce que je pense de ce verset

Dieu: Aidez-moi à éliminer ces péchés ou comportements négatifs:

Écrivez une bénédiction que le Seigneur vous a donnée aujourd'hui

Ma prière de supplication

MON ESPACE POUR ECRIRE LIBREMENT

I Jean 2:4

CELUI QUI DIT: JE L'AI CONNU, ET QUI NE GARDE PAS SES COMMANDEMENTS, EST UN MENTEUR, ET LA VÉRITÉ N'EST POINT.

Ce que je pense de ce verset

Ma prière pour un ami qui a besoin d'aide

Écrivez une bénédiction que le Seigneur vous a donnée aujourd'hui

Ma prière de supplication

I Jean 2:10

Celui qui aime son frère demeure dans la lumière, et aucune occasion de chute n'est en lui.

Ce que je pense de ce verset

Quelles distractions négatives dois-je éliminer pour passer plus de temps avec Dieu?

Écrivez une bénédiction que le Seigneur vous a donnée aujourd'hui

Ma prière de supplication

I Jean 2:15

N'AIMEZ POINT LE MONDE, NI LES CHOSES QUI SONT DANS LE MONDE. SI QUELQU'UN AIME LE MONDE, L'AMOUR DU PÈRE N'EST POINT EN LUI.

Ce que je pense de ce verset

Comment puis-je développer ma foi cette semaine?

Écrivez une bénédiction que le Seigneur vous a donnée aujourd'hui

Ma prière de supplication

I Jean 3:16

Nous avons connu l'amour, en ce qu'il a donné sa vie pour nous; nous aussi, nous devons donner notre vie pour les frères.

Ce que je pense de ce verset

Ma prière pour un événement mondial qui a besoin de l'intervention de Dieu

Écrivez une bénédiction que le Seigneur vous a donnée aujourd'hui

Ma prière de supplication

Ephésiens 3:19

ET CONNAÎTRE L`AMOUR DE CHRIST, QUI SURPASSE TOUTE CONNAISSANCE, EN SORTE QUE VOUS SOYEZ REMPLIS JUSQU`À TOUTE LA PLÉNITUDE DE DIEU.

Ce que je pense de ce verset

Décrivez une situation où Dieu a entendu vos appels

Écrivez une bénédiction que le Seigneur vous a donnée aujourd'hui

Ma prière de supplication

Judas 1: 2

QUE LA MISÉRICORDE, LA PAIX ET LA CHARITÉ VOUS SOIENT MULTIPLIÉES!

Ce que je pense de ce verset

Ma prière pour quelqu'un qui est devenu un défi pour moi

Écrivez une bénédiction que le Seigneur vous a donnée aujourd'hui

Ma prière de supplication

Philippiens 2:2

RENDEZ MA JOIE PARFAITE, AYANT UN MÊME SENTIMENT, UN MÊME AMOUR, UNE MÊME ÂME, UNE MÊME PENSÉE.

Ce que je pense de ce verset

Décrivez deux choses que vous pouvez faire pour vous rapprocher de Dieu et mettre une date sur le calendrier

Écrivez une bénédiction que le Seigneur vous a donnée aujourd'hui

Ma prière de supplication

Jude 1:4

Car il s'est glissé parmi vous certains hommes, dont la condamnation est écrite depuis longtemps, des impies, qui changent la grâce de notre Dieu en dissolution, et qui renient notre seul maître et Seigneur Jésus Christ.

Ce que je pense de ce verset

Dieu, aujourd'hui, je veux que tu m'apprends à:

Écrivez une bénédiction que le Seigneur vous a donnée aujourd'hui

Ma prière de supplication

Proverbes 8:17

J`AIME CEUX QUI M`AIMENT, ET CEUX QUI ME CHERCHENT ME TROUVENT.

Ce que je pense de ce verset

Ma prière pour les dirigeants politiques

Écrivez une bénédiction que le Seigneur vous a donnée aujourd'hui

Ma prière de supplication

Jude 1:21

Maintenez-vous dans l'amour de Dieu, en attendant la miséricorde de notre Seigneur Jésus Christ pour la vie éternelle.

Ce que je pense de ce verset

Comment puis-je mettre en œuvre cette Écriture dans ma vie?

Écrivez une bénédiction que le Seigneur vous a donnée aujourd'hui

Ma prière de supplication

Matthieu 23:37

JÉRUSALEM, JÉRUSALEM, QUI TUES LES PROPHÈTES ET QUI LAPIDES CEUX QUI TE SONT ENVOYÉS, COMBIEN DE FOIS AI-JE VOULU RASSEMBLER TES ENFANTS, COMME UNE POULE RASSEMBLE SES POUSSINS SOUS SES AILES, ET VOUS NE L`AVEZ PAS VOULU!

Ce que je pense de ce verset

Ma prière de protection pour quelqu'un dans le besoin

Écrivez une bénédiction que le Seigneur vous a donnée aujourd'hui

Ma prière de supplication

Marc 10:21

Jésus, l'ayant regardé, l'aima, et lui dit: Il te manque une chose; va, vends tout ce que tu as, donne-le aux pauvres, et tu auras un trésor dans le ciel.

Ce que je pense de ce verset

Comment Dieu agit-il dans ma vie en ce moment?

Écrivez une bénédiction que le Seigneur vous a donnée aujourd'hui

Ma prière de supplication

Exode 20:6

ET QUI FAIS MISÉRICORDE JUSQU'EN MILLE GÉNÉRATIONS À CEUX QUI M'AIMENT ET QUI GARDENT MES COMMANDEMENTS.

Ce que je pense de ce verset

Ma prière pour ma ville

Écrivez une bénédiction que le Seigneur vous a donnée aujourd'hui

Ma prière de supplication

I Thessaloniciens 2:7

MAIS NOUS AVONS ÉTÉ PLEINS DE DOUCEUR AU MILIEU DE VOUS. DE MÊME QU'UNE NOURRICE PREND UN TENDRE SOIN DE SES ENFANTS.

Ce que je pense de ce verset

Dieu, aide-moi à surmonter les peurs suivantes:

Écrivez une bénédiction que le Seigneur vous a donnée aujourd'hui

Ma prière de supplication

Proverbes 3:3-4

Que la bonté et la fidélité ne t`abandonnent pas; Lie-les à ton cou, écris-les sur la table de ton coeur. Tu acquerras ainsi de la grâce et une raison saine, Aux yeux de Dieu et des hommes.

Ce que je pense de ce verset

....
....
....
....
....
....
....

Ma prière pour mes chefs spirituels et pour mes mentors

....
....
....
....
....
....
....

Écrivez une bénédiction que le Seigneur vous a donnée aujourd'hui

Ma prière de supplication

....
....
....

Matthieu 17:5

Comme il parlait encore, une nuée lumineuse les couvrit. Et voici, une voix fit entendre de la nuée ces paroles: Celui-ci est mon Fils bien-aimé, en qui j`ai mis toute mon affection: écoutez-le!

Ce que je pense de ce verset

Ma prière pour toute situation pour laquelle j'ai besoin de demander pardon

Écrivez une bénédiction que le Seigneur vous a donnée aujourd'hui

Ma prière de supplication

Éphésiens 6:24

QUE LA GRÂCE SOIT AVEC TOUS CEUX QUI AIMENT NOTRE SEIGNEUR JÉSUS CHRIST D'UN AMOUR INALTÉRABLE!

Ce que je pense de ce verset

Qu'est-ce que Dieu m'apprend avec ce verset?

Écrivez une bénédiction que le Seigneur vous a donnée aujourd'hui

Ma prière de supplication

Mon space libre

Tite 2:4

Dans le but d'apprendre aux jeunes femmes à aimer leurs maris et leurs enfants.

Ce que je pense de ce verset

Ma prière pour mon pays

Écrivez une bénédiction que le Seigneur vous a donnée aujourd'hui

Ma prière de supplication

Osée 14:4

JE RÉPARERAI LEUR INFIDÉLITÉ, J`AURAI POUR EUX UN AMOUR SINCÈRE; CAR MA COLÈRE S`EST DÉTOURNÉE D`EUX.

Ce que je pense de ce verset

Sur quoi Dieu me demande-t-il de me concentrer?

Écrivez une bénédiction que le Seigneur vous a donnée aujourd'hui

Ma prière de supplication

Proverbes 8:20-21

JE MARCHE DANS LE CHEMIN DE LA JUSTICE, AU MILIEU DES SENTIERS DE LA DROITURE, POUR DONNER DES BIENS À CEUX QUI M`AIMENT, ET POUR REMPLIR LEURS TRÉSORS.

Ce que je pense de ce verset

Dans quelle situation récente ai-je réagi de manière réactive avec rage ou colère?

Écrivez une bénédiction que le Seigneur vous a donnée aujourd'hui

Ma prière de supplication

Proverbes 8:35-36

Car celui qui me trouve a trouvé la vie, Et il obtient la faveur de l'Éternel. Mais celui qui pèche contre moi nuit à son âme; Tous ceux qui me haïssent aiment la mort.

Ce que je pense de ce verset

Ma prière pour ma famille

Écrivez une bénédiction que le Seigneur vous a donnée aujourd'hui

Ma prière de supplication

Psaumes 143:7

Hâte-toi de m'exaucer, ô Éternel! Mon esprit se consume. Ne me cache pas ta face! Je serais semblable à ceux qui descendent dans la fosse.

Ce que je pense de ce verset

Dans quelle situation ai-je décidé de croire aux circonstances extérieures au lieu de croire que Dieu est aux commandes?

Écrivez une bénédiction que le Seigneur vous a donnée aujourd'hui

Ma prière de supplication

MON ESPACE POUR ECRIRE LIBREMENT

II Thessaloniciens 3:5

QUE LE SEIGNEUR DIRIGE VOS COEURS VERS L`AMOUR DE DIEU ET VERS LA PATIENCE DE CHRIST!

Ce que je pense de ce verset

Ma prière pour mes voisins

Écrivez une bénédiction que le Seigneur vous a donnée aujourd'hui

Ma prière de supplication

Esaïe 43:4

Parce que tu as du prix à mes yeux, Parce que tu es honoré et que je t`aime, Je donne des hommes à ta place, Et des peuples pour ta vie.

Ce que je pense de ce verset

Quelles actions ai-je récemment entreprises et dont je suis fier?

Écrivez une bénédiction que le Seigneur vous a donnée aujourd'hui

Ma prière de supplication

Proverbes 21:21

Celui qui poursuit la justice et la bonté Trouve la vie, la justice et la gloire.

Ce que je pense de ce verset

Dans quels domaines de ma vie ai-je besoin des conseils et des conseils de Dieu?

Écrivez une bénédiction que le Seigneur vous a donnée aujourd'hui

Ma prière de supplication

Psaumes 30:5

Car sa colère dure un instant, Mais sa grâce toute la vie ; Le soir arrivent les pleurs, Et le matin l`allégresse.

Ce que je pense de ce verset

Ma prière pour quelqu'un qui a besoin de guérison

Écrivez une bénédiction que le Seigneur vous a donnée aujourd'hui

Ma prière de supplication

II Timothée 1:7

CAR CE N`EST PAS UN ESPRIT DE TIMIDITÉ QUE DIEU NOUS A DONNÉ, MAIS UN ESPRIT DE FORCE, D`AMOUR ET DE SAGESSE.

Ce que je pense de ce verset

Dans quelles situations ai-je ressenti la présence de Dieu dans ma vie?

Écrivez une bénédiction que le Seigneur vous a donnée aujourd'hui

Ma prière de supplication

Mon espace libre

Psaumes 42:8

Le jour, l'Éternel m'accordait sa grâce; La nuit, je chantais ses louanges, j'adressais une prière au Dieu de ma vie.

Ce que je pense de ce verset

Y a-t-il eu une situation récente dans ma vie où j'ai été béni et pour laquelle je n'ai pas encore dit "Merci Dieu"?

Écrivez une bénédiction que le Seigneur vous a donnée aujourd'hui

Ma prière de supplication

II Timothée 1:13

Retiens dans la foi et dans la charité qui est en Jésus Christ le modèle des saines paroles que tu as reçues de moi.

Ce que je pense de ce verset

Je dois mettre ma confiance en Dieu dans ces situations de ma vie:

Écrivez une bénédiction que le Seigneur vous a donnée aujourd'hui

Ma prière de supplication

Mon espace libre

Hébreux 13:1-2

PERSÉVÉREZ DANS L'AMOUR FRATERNEL. N'OUBLIEZ PAS L'HOSPITALITÉ ; CAR, EN L'EXERÇANT, QUELQUES-UNS ONT LOGÉ DES ANGES, SANS LE SAVOIR.

Ce que je pense de ce verset

Deux façons dont je peux mettre la parole de Dieu en action dans ma vie

Écrivez une bénédiction que le Seigneur vous a donnée aujourd'hui

Ma prière de supplication

Apocalypse 3:19

Moi, je reprends et je châtie tous ceux que j'aime. Aie donc du zèle, et repens-toi.

Ce que je pense de ce verset

Ma prière pour ces circonstances qui se produisent dans le monde

Écrivez une bénédiction que le Seigneur vous a donnée aujourd'hui

Ma prière de supplication

II Thessaloniciens 1:3

Nous devons à votre sujet, frères, rendre continuellement grâces à Dieu, comme cela est juste, parce que votre foi fait de grands progrès, et que la charité de chacun de vous tous à l`égard des autres augmente de plus en plus.

Ce que je pense de ce verset

Quel obstacle Dieu a-t-il retiré de ma vie récemment?
(C'est peut-être quelque chose de petit)

Écrivez une bénédiction que le Seigneur vous a donnée aujourd'hui

Ma prière de supplication

Psaumes 103:13

Comme un père a compassion de ses enfants,
L'Éternel a compassion de ceux qui le craignent.

Ce que je pense de ce verset

Ma prière pour résister à la tentation

Écrivez une bénédiction que le Seigneur vous a donnée aujourd'hui

Ma prière de supplication

Jean 17:24

Père, je veux que là où je suis ceux que tu m'as donnés soient aussi avec moi, afin qu'ils voient ma gloire, la gloire que tu m'as donnée, parce que tu m'as aimé avant la fondation du monde.

Ce que je pense de ce verset

Dieu: Aidez-moi à éliminer ces péchés ou comportements négatifs:

Écrivez une bénédiction que le Seigneur vous a donnée aujourd'hui

Ma prière de supplication

MON ESPACE POUR ECRIRE LIBREMENT

II Corinthiens 13:11

Au reste, frères, soyez dans la joie, perfectionnez-vous, consolez-vous, ayez un même sentiment, vivez en paix; et le Dieu d`amour et de paix sera avec vous.

Ce que je pense de ce verset

Ma prière pour un ami qui a besoin d'aide

Écrivez une bénédiction que le Seigneur vous a donnée aujourd'hui

Ma prière de supplication

Psaumes 40:11

TOI, ÉTERNEL! TU NE ME REFUSERAS PAS TES COMPASSIONS;
TA BONTÉ ET TA FIDÉLITÉ ME GARDERONT TOUJOURS.

Ce que je pense de ce verset

Quelles distractions négatives dois-je éliminer pour passer plus de temps avec Dieu?

Écrivez une bénédiction que le Seigneur vous a donnée aujourd'hui

Ma prière de supplication

Joël 2:13

Déchirez vos coeurs et non vos vêtements, Et revenez à l'Éternel, votre Dieu; Car il est compatissant et miséricordieux, Lent à la colère et riche en bonté, Et il se repent des maux qu'il envoie.

Ce que je pense de ce verset

Comment puis-je développer ma foi cette semaine?

Écrivez une bénédiction que le Seigneur vous a donnée aujourd'hui

Ma prière de supplication

Psaumes 115:1

Non pas à nous, Éternel, non pas à nous, mais à ton nom donne gloire, a cause de ta bonté, à cause de ta fidélité!

Ce que je pense de ce verset

Ma prière pour un événement mondial qui a besoin de l'intervention de Dieu

Écrivez une bénédiction que le Seigneur vous a donnée aujourd'hui

Ma prière de supplication

Colossiens 2:2

Afin qu'ils aient le coeur rempli de consolation, qu'ils soient unis dans la charité, et enrichis d'une pleine intelligence pour connaître le mystère de Dieu, savoir Christ.

Ce que je pense de ce verset

Décrivez une situation où Dieu a entendu vos appels

Écrivez une bénédiction que le Seigneur vous a donnée aujourd'hui

Ma prière de supplication

Luc 6:35

MAIS AIMEZ VOS ENNEMIS, FAITES DU BIEN, ET PRÊTEZ SANS RIEN ESPÉRER. ET VOTRE RÉCOMPENSE SERA GRANDE, ET VOUS SEREZ FILS DU TRÈS HAUT, CAR IL EST BON POUR LES INGRATS ET POUR LES MÉCHANTS.

Ce que je pense de ce verset

Ma prière pour quelqu'un qui est devenu un défi pour moi

Écrivez une bénédiction que le Seigneur vous a donnée aujourd'hui

Ma prière de supplication

Mon espace libre

Proverbes 17:17

L`AMI AIME EN TOUT TEMPS, ET DANS LE MALHEUR IL SE MONTRE UN.

Ce que je pense de ce verset

Décrivez deux choses que vous pouvez faire pour vous rapprocher de Dieu et mettre une date sur le calendrier

Écrivez une bénédiction que le Seigneur vous a donnée aujourd'hui

Ma prière de supplication

Psaumes 18:1

AU CHEF DES CHANTRES. DU SERVITEUR DE L`ÉTERNEL, DE DAVID, QUI ADRESSA À L`ÉTERNEL LES PAROLES DE CE CANTIQUE, LORSQUE L`ÉTERNEL L`EUT DÉLIVRÉ DE LA MAIN DE TOUS SES ENNEMIS ET DE LA MAIN DE SAÜL. IL DIT: JE T`AIME, Ô ÉTERNEL, MA FORCE!

Ce que je pense de ce verset

Dieu, aujourd'hui, je veux que tu m'apprends à:

Écrivez une bénédiction que le Seigneur vous a donnée aujourd'hui

Ma prière de supplication

Deutéronome 10:12

Maintenant, Israël, que demande de toi l'Éternel, ton Dieu, si ce n'est que tu craignes l'Éternel, ton Dieu, afin de marcher dans toutes ses voies, d'aimer et de servir l'Éternel, ton Dieu, de tout ton coeur et de toute ton âme.

Ce que je pense de ce verset

Ma prière pour les dirigeants politiques

Écrivez une bénédiction que le Seigneur vous a donnée aujourd'hui

Ma prière de supplication

Deutéronome 10:19

VOUS AIMEREZ L'ÉTRANGER, CAR VOUS AVEZ ÉTÉ ÉTRANGERS DANS LE PAYS D'ÉGYPTE.

Ce que je pense de ce verset

Comment puis-je mettre en œuvre cette Écriture dans ma vie?

Écrivez une bénédiction que le Seigneur vous a donnée aujourd'hui

Ma prière de supplication

MON ESPACE POUR ECRIRE LIBREMENT

Matthieu 6:24

Nul ne peut servir deux maîtres. Car, ou il haïra l`un, et aimera l`autre; ou il s`attachera à l`un, et méprisera l`autre. Vous ne pouvez servir Dieu et Mamon.

Ce que je pense de ce verset

Ma prière de protection pour quelqu'un dans le besoin

Écrivez une bénédiction que le Seigneur vous a donnée aujourd'hui

Ma prière de supplication

Job 2:11

Trois amis de Job, Éliphaz de Théman, Bildad de Schuach, et Tsophar de Naama, apprirent tous les malheurs qui lui étaient arrivés. Ils se concertèrent et partirent de chez eux pour aller le plaindre et le consoler!

Ce que je pense de ce verset

Comment Dieu agit-il dans ma vie en ce moment?

Écrivez une bénédiction que le Seigneur vous a donnée aujourd'hui

Ma prière de supplication

Proverbes 27:5-6

Mieux vaut une réprimande ouverte qu'une amitié cachée. Les blessures d'un ami prouvent sa fidélité, mais les baisers d'un ennemi sont trompeurs.

Ce que je pense de ce verset

Ma prière pour ma ville

Écrivez une bénédiction que le Seigneur vous a donnée aujourd'hui

Ma prière de supplication

Proverbes 7:18

Viens, enivrons-nous d'amour jusqu'au matin,
Livrons-nous joyeusement à la volupté.

Ce que je pense de ce verset

Dieu, aide-moi à surmonter les peurs suivantes:

Écrivez une bénédiction que le Seigneur vous a donnée aujourd'hui

Ma prière de supplication

Matthieu 25:35

Car j'ai eu faim, et vous m'avez donné à manger ;
j'ai eu soif, et vous m'avez donné à boire ;
j'étais étranger, et vous m'avez recueill

Ce que je pense de ce verset

Ma prière pour mes chefs spirituels et pour mes mentors

Écrivez une bénédiction que le Seigneur vous a donnée aujourd'hui

Ma prière de supplication

Mon espace libre

Esaïe 66:13

COME UN UOMO CUI SUA MADRE CONSOLA, COSÌ IO CONSOLERÒ VOI, E SARETE CONSOLATI IN GERUSALEMME.

Ce que je pense de ce verset

Ma prière pour toute situation pour laquelle j'ai besoin de demander pardon

Écrivez une bénédiction que le Seigneur vous a donnée aujourd'hui

Ma prière de supplication

Mon espace libre

NOUS AVONS 3 CADEAUX SPECIAUX POUR VOUS

1- UN SON SPÉCIAL POUR VOUS AIDER À MIEUX DORMIR, À L'ÉCOUTE DE LA PAROLE DU SEIGNEUR.

2- RECEVEZ NOS DÉVOTION POUR VOUS GARDER INSPIRÉ ET CONNECTÉ AVEC DIEU.

3- BELLES ILLUSTRATIONS À IMPRIMER ET A COLORIER AVEC DES VERSETS DE LA BIBLE

www.closr2god.com/french

POUR VOTRE COMMODITÉ, IL SUFFIT DE NUMERISER LE CODE CI-DESSOUS AVEC VOTRE SMARTPHONE (COMME SI VOUS DEVIEZ EN PRENDRE UNE PHOTO A L'AIDE DE VOTRE APPAREIL PHOTO), ET IL VOUS MONTRERA AUTOMATIQUEMENT LA PAGE POUR QUE VOUS PUISSIEZ ENTRER VOTRE E-MAIL ET LA RECEVOIR.

Printed in France by Amazon
Brétigny-sur-Orge, FR